Les meilleurs articles de Bill

Réflexions sur la foi, la peur, l'honnêteté, l'humilité et l'amour

Aussi, un classique de Bill sur l'Anonymat

Autres livres publiés par AA Grapevine, Inc.

The Language of the Heart (& eBook)
The Best of the Grapevine Volume I (eBook only)
The Best of Bill (& eBook)
Thank You for Sharing
Spiritual Awakenings (& eBook)
I Am Responsible: The Hand of AA
The Home Group: Heartbeat of AA (& eBook)
Emotional Sobriety — The Next Frontier (& eBook)
Spiritual Awakenings II (& eBook)
In Our Own Words: Stories of Young AAs in Recovery (& eBook)
Beginners' Book (& eBook)
Voices of Long-Term Sobriety (& eBook)
A Rabbit Walks Into A Bar
Step by Step — Real AAs, Real Recovery (& eBook)
Emotional Sobriety II — The Next Frontier (& eBook)
Young & Sober (& eBook)
Into Action (& eBook)
Happy, Joyous & Free (& eBook)
One on One (& eBook)
No Matter What (& eBook)
Grapevine Daily Quote Book (& eBook)
Sober & Out (& eBook)
Forming True Partnerships (& eBook)
Our Twelve Traditions (& eBook)
Making Amends (& eBook)
Voices of Women in AA (& eBook)
AA in the Military (& eBook)

EN ESPAGNOL

El lenguaje del corazón
Lo mejor de Bill (& eBook)
El grupo base: Corazón de AA
Lo mejor de La Viña
Felices, alegres y libres (& eBook)
Un día a la vez (& eBook)
Frente A Frente (& eBook)

EN FRANÇAIS

Le langage du coeur
Les meilleurs articles de Bill
Le Groupe d'attache: Le battement du coeur des AA
En tête à tête (& eBook)
Heureux, joyeux et libres (& eBook)

Les meilleurs articles de Bill

Réflexions sur la foi, la peur, l'honnêteté, l'humilité et l'amour

Aussi, un classique de Bill sur l'Anonymat

AAGRAPEVINE, Inc.
New York, New York
www.aagrapevine.org

Titre américain

The Best of Bill

ISBN 978-0-933685-46-8

Le Préambule des AA

Les alcooliques anonymes sont une association d'hommes et de femmes qui partagent entre eux leur expérience, leur force et leur espoir dans le but de résoudre leur problème commun et d'aider d'autres alcooliques à se rétablir.

Le désir d'arrêter de boire est la seule condition pour devenir membre des AA.

Les AA ne demandent ni cotisation ni droit d'entrée ; nous nous finançons par nos propres contributions.

Les AA ne sont associés à aucune secte, confession religieuse ou politique, à aucun organisme ou établissement: ils ne désirent s'engager dans aucune controverse; ils n'endossent et ne contestent aucune cause.

Notre but premier est de demeurer abstinents et d'aider d'autres alcooliques à le devenir.

Prière de la Sérénité

Mon Dieu,
donnez-moi la sérénité
d'accepter les choses
que je ne peux changer,
le courage de changer
celles que je peux,
et la sagesse d'en
connaître la différence.

Table des Matières

Préface

En 1935, un alcoolique abstinent courtier à la bourse de New York, a convaincu un chirurgien alcoolique de Akron, Ohio, qui avait la gueule de bois, qu'il n'avait désormais plus besoin de boire. À partir de cette rencontre historique, un programme de rétablissement pour plus de deux millions d'alcooliques autrefois désespérés dans plus de 150 pays devait se développer et grandir.

Pour encourager, inspirer et rester en contact avec ce mouvement étendu qui s'appelle Les Alcooliques anonymes, Bill W., cofondateur, a fait appel au Grapevine, un magazine créé à New York en 1944 par « six misérables tachés d'encre », ainsi que Bill appelait avec humour ces femmes abstinentes qui l'ont formé. Dès sa naissance, il a été accepté partout et la nouvelle publication est devenue « Le magazine mensuel international des Alcooliques anonymes. »

Bill W., un rédacteur énergique et prolifique, est l'auteur de près de 150 articles dans le Grapevine. Dans ses pages, il a noté les évènements survenus au cours des premières années des AA, et à partir de ce pénible cheminement d'essais et d'erreurs, il en a tiré les principes qui uniraient et maintiendraient en vie ce mouvement extraordinaire. À partir d'une grande variété de sujets, comme les simples principes des Étapes et des Traditions des AA à la quête personnelle de « sobriété émotive », les paroles de Bill avaient un sens, pas seulement chez les membres des AA mais pour toute personne en recherche spirituelle.

En 1998, comme résultat des nombreuses demandes faites au cours des ans de réimprimer ces cinq articles – « La foi », « La peur », « l'honnêteté », « l'humilité » et « l'amour » – un recueil intitulé *Les meilleurs articles de*

Bill a été compilé. La popularité durable de ce petit fascicule a poussé les rédacteurs actuels du Grapevine à publier cette attrayante édition cadeau. En guise de complément logique à ces réflexions inspirantes sur la vie spirituelle, nous avons inclus l'essai classique de Bill, *Pourquoi les Alcooliques anonymes sont anonymes.*

LA FOI

Dieu tel que nous le concevons

AVRIL 1961

L'expression « Dieu tel que nous le concevons » est peut-être la plus importante de tout notre vocabulaire AA. Ces six mots sont d'une telle portée qu'ils englobent toutes les formes et tous les degrés de foi, tout en assurant chacun de nous qu'il est libre de choisir ce qui lui convient. Presque aussi importantes sont pour nous les expressions complémentaires, « une puissance supérieure » et « une puissance supérieure à nous-mêmes ». Pour tous ceux qui rejettent l'idée de Dieu ou doutent sérieusement de son existence, ces mots ouvrent une porte dont le seuil est facilement franchi par l'incrédule, qui entre alors dans un monde qui lui était jusque-là inconnu, le royaume de la foi.

Chez les AA, de telles percées sont quotidiennes. Elles sont encore plus remarquables quand on songe qu'une foi active a, un jour, semblé hautement impossible aux yeux de la moitié sans doute de nos trois cent mille membres actuels. Tous ces sceptiques ont fait une grande découverte : dès qu'ils pouvaient confier leur principale dépendance à une « puissance supérieure », même s'il s'agissait de leur propre groupe des AA, ils sortaient de l'impasse qui les avait toujours empêchés de voir l'autoroute. À partir de ce moment, à la condition de s'efforcer avec un esprit ouvert et détendu de mettre en pratique le reste du programme des AA, une foi toujours plus grande et plus profonde, un véritable don, faisait son apparition de façon parfois inattendue et souvent mystérieuse.

Il est regrettable que ces faits de la vie des AA ne soient pas compris des légions d'alcooliques qui nous entourent. Un grand nombre d'entre eux sont hantés par l'affligeante conviction que s'ils s'approchent des AA, ils devront adopter une foi ou une théologie particulière. Ils ne voient pas que la foi n'est jamais une condition essentielle à l'appartenance aux AA, qu'un minimum de foi, facile à accepter, suffit pour devenir abstinent, et que nos concepts d'une puissance supérieure et d'un Dieu tel que nous le concevons offrent à chacun un choix presque illimité de croyances et d'actions spirituelles.

L'un de nos plus grands défis au plan de la communication est de savoir comment transmettre cette bonne nouvelle, et il n'existe probablement pas de solution facile et radicale. Nos services d'information publique pourraient peut-être mettre davantage l'accent sur cet aspect primordial de la vie du mouvement. Dans nos propres rangs, nous pourrions peut-être devenir plus attentifs au malaise intense de ces malades vraiment isolés et désespérés. Pour leur venir en aide, nous devons faire preuve de la meilleure attitude possible et d'une grande ingéniosité.

Nous pouvons aussi regarder d'un œil neuf le problème de l'absence de foi à notre propre porte. Bien que trois cent mille alcooliques se soient rétablis en vingt-cinq ans, il y en a peut-être cinq cent mille autres qui sont venus nous voir et qui sont repartis. Certains étaient sans doute trop malades pour avoir même une chance. D'autres ne pouvaient pas ou ne voulaient pas admettre leur alcoolisme. D'autres encore ne pouvaient pas faire face à leurs problèmes de personnalité sous-jacents. Beaucoup sont repartis pour d'autres raisons.

Nous ne pouvons pourtant pas nous contenter de croire que tous ces échecs sont totalement imputables aux nouveaux eux-mêmes. Beaucoup d'entre eux n'ont peut-être pas reçu, en qualité et en quantité, le parrainage dont ils avaient tant besoin. Nous n'avons pas communiqué avec eux quand nous aurions dû le faire. Nous, les AA, n'avons pas répondu à leurs attentes. Peut-être plus souvent que nous le croyons, il nous arrive de ne pas communiquer en profondeur avec ceux qui font face au dilemme de l'incroyance.

Personne n'est plus sensible qu'eux à la suffisance, à l'arrogance et à l'agressivité spirituelle, et nous l'oublions sans doute trop souvent. Au début du mouvement, je suis moi-même venu bien près de gâcher toute l'entreprise avec ce genre d'arrogance inconsciente. Tout le monde devait croire en Dieu tel que je le concevais. Mon agressivité était parfois subtile, parfois grossière, mais toujours nuisible – et peut-être mortelle – pour nombre d'incroyants. ...évidemment, ce problème ne surgit pas seulement dans la pratique de la Douzième Étape, mais risque de se manifester dans toutes nos relations avec les autres. Encore aujourd'hui, je me surprends à chanter le même vieux refrain, qui dresse aussitôt un mur : « Faites ce que je fais, croyez ce que je crois, sinon... »

Voici un exemple récent du coût élevé de l'arrogance spirituelle. On emmena à sa première réunion des AA un candidat aux idées bien arrêtées. Le premier conférencier parla surtout de ses propres habitudes de buveur, ce qui sembla impressionner notre candidat. Les deux autres conférenciers (ou bien étaient-ce des professeurs ?) avaient pris pour thème « Dieu tel que je le conçois ». Leur exposé aurait pu être bon mais il ne l'a pas été à cause de leur attitude et de leur façon de parler de leur expérience. Ils étaient pleins d'arrogance. Le dernier conférencier a largement dépassé les bornes en présentant ses propres convictions théologiques. Tous deux reproduisaient fidèlement ma façon de faire antérieure. On retrouvait implicitement dans tout ce qu'ils racontaient, sans qu'ils l'expriment, la même idée : « Écoutez-nous. Nous possédons le seul vrai programme des AA, et vous feriez mieux de nous imiter ! »

Le nouveau dit alors qu'il en avait assez, et c'était vrai. Son parrain eut beau dire que le mouvement n'était pas comme cela, il était trop tard ; notre candidat était désormais inaccessible. Il avait aussi une bonne excuse pour retourner boire. La dernière fois que nous avons entendu parler de lui, il semblait avoir un rendez-vous prématuré avec la mort.

Heureusement, une agressivité aussi grossière au nom de la spiritualité n'est plus aussi fréquente aujourd'hui. Pourtant nous pouvons tirer profit de ce triste et inhabituel épisode. Nous pouvons nous demander si nous ne sommes pas sujets, plus que nous l'avions d'abord supposé, à de tels accès de vanité spirituelle, d'un genre peut-être moins évident mais aussi destructeur. Je suis sûr qu'aucun examen de conscience ne saurait être plus profitable, si nous nous y appliquions constamment. Rien ne saurait améliorer davantage nos communications les uns avec les autres et avec Dieu.

C'est un soi-disant incroyant qui m'a amené à voir cela très clairement il y a plusieurs années. Il était médecin, et un bon médecin. Je l'ai rencontré avec sa femme Mary chez un ami dans une ville du Midwest. Il s'agissait d'une soirée mondaine. Je monopolisais presque entièrement la conversation et j'avais pour seul sujet le mouvement des Alcoolique anonymes. Toutefois, ce médecin et sa femme semblaient réellement intéressés, et lui m'a posé beaucoup de questions. L'une de ces questions m'a amené à le soupçonner d'être agnostique, ou peut-être athée.

Je fus tout de suite piqué et j'entrepris de le convertir sur le champ. Avec le plus grand sérieux, je me vantai de la spectaculaire expérience spirituelle que j'avais connue l'année précédente. Le docteur demanda doucement si cette expérience ne pouvait pas avoir été autre chose que ce que je pensais. Le coup était dur, et j'ai été carrément impoli. Le médecin ne m'avait pas vraiment provoqué ; il était demeuré courtois, d'humeur agréable et même respectueux. D'un air songeur, il me dit qu'il avait souvent désiré avoir une foi solide, lui aussi. Il était clair que je n'avais pas réussi à le convaincre de quoi que ce soit.

Trois ans plus tard, je retournai chez mon ami du Midwest. Mary, la femme du médecin, passa me voir et m'apprit que son mari était mort la semaine précédente. Très émue, elle se mit à parler de lui.

Il venait d'une famille notoire de Boston et il avait fait ses études à Harvard. Étudiant brillant, il aurait pu devenir un médecin réputé. Il aurait pu jouir d'une clientèle et d'une vie opulentes, entouré d'amis. Il avait plutôt choisi de devenir médecin d'entreprise dans une ville industrielle déchirée par les conflits sociaux. Mary lui demandait parfois de retourner à Boston, mais il prenait sa main et lui disait : « Peut-être as-tu raison, mais je n'arrive pas à me résigner à partir. Je crois que les gens de l'entreprise ont vraiment besoin de moi. »

Mary ne se rappelait pas avoir jamais entendu son mari se plaindre sérieusement de quelque chose ou critiquer quelqu'un avec amertume. Même s'il semblait en parfaite santé, il avait ralenti depuis ces cinq ans. Quand elle le poussait à sortir le soir ou à se rendre au bureau à l'heure, il avait toujours une excuse plausible et aimable. Ce n'est que lorsqu'il tomba soudainement malade qu'elle découvrit qu'il avait été cardiaque tout ce temps et qu'il aurait pu mourir à tout moment. À part un autre médecin de l'entreprise, personne n'était au courant. Quand elle lui en fit le reproche, il lui dit simplement : « Je ne voyais pas l'utilité de d'inquiéter les gens, surtout toi ma chérie. »

Cette histoire est celle d'un homme d'une grande valeur spirituelle, comme le prouvaient ses grandes qualités : humour et patience, douceur et courage, humilité et dévouement, générosité et amour, autant de qualités que je ne viendrais peut-être jamais près d'égaler moi-même. Tel était l'homme que j'avais réprimandé et traité avec condescendance, « l'incrédule » que j'avais cru pouvoir instruire !

Mary m'a raconté cette histoire il y a plus de vingt ans. Pour la première fois, j'ai compris brusquement que la foi peut être vraiment morte, quand elle est sans responsabilité. Ce médecin avait eu une foi inébranlable dans ses idéaux, mais il pratiquait aussi l'humilité, faisait preuve de sagesse et avait le sens des responsabilités. Il me l'avait prouvé.

Mon propre réveil spirituel m'avait donné une foi instantanée, un vrai cadeau. Mais j'avais manqué d'humilité et de sagesse. Je me vantais de ma foi en oubliant mes idéaux. L'orgueil et l'irresponsabilité avaient repris leur place. En me coupant ainsi de la lumière, il ne me restait pas grand-chose à offrir à mes semblables. J'avais donc pour eux une foi morte. Je voyais enfin pourquoi beaucoup d'entre eux étaient repartis, certains pour toujours.

La foi est donc plus que notre don le plus précieux. Savoir partager avec les autres est notre plus grande responsabilité. Puissions-nous, membres des AA, rechercher continuellement la sagesse et l'empressement qui nous permettent de bien remplir cette immense obligation que l'auteur de tout don parfait nous a confiée.

La question de

La Peur

JANVIER 1962

Il est dit dans le livre des AA : « La peur est comme un fil mauvais et pourri, la trame sur laquelle notre existence est tissée. » Il est certain que la peur freine la raison et l'amour, et elle déclenche invariablement la colère, l'orgueil et l'agressivité. Elle sous-tend la culpabilité larmoyante et la dépression paralysante. Le président Roosevelt faisait un jour cette sage remarque : « Nous n'avons rien à craindre que la peur elle-même. »

Voilà un jugement sévère, et peut-être un peu trop catégorique. Malgré son côté destructeur, la peur peut aussi être le point de départ de choses positives. Elle peut être un premier pas vers la prudence et le respect des autres. Elle peut indiquer aussi bien la voie de la justice que celle de la haine. Plus nous aurons le sens du respect et de la justice, plus nous trouverons cet amour qui peut endurer beaucoup, tout en étant donné gratuitement. La peur n'a pas à être toujours destructrice si les leçons qu'elle nous enseigne peuvent mener à des valeurs positives.

La libération de la peur est l'affaire de toute une vie, une entreprise qu'on ne peut jamais mener totalement à terme. Quand nous sommes rudement attaqués, gravement malades ou dans une situation de grande insécurité, nous réagissons bien ou mal selon les cas. Seuls les vaniteux déclarent être totalement libérés de la peur, mais leur suffisance même est ancrée dans des peurs temporairement oubliées.

Il y a donc deux choses à faire devant le problème de la peur. Nous devons tenter de nous libérer du plus grand nombre de peurs possibles. Puis nous devons chercher le courage et la grâce de faire face de façon constructive à celles qui restent. Chercher à comprendre nos peurs et celles des autres n'est que la première étape. La grande question est de savoir quoi faire ensuite.

Depuis les débuts du mouvement, j'ai pu observer des milliers de membres qui devenaient de plus en plus capables de comprendre et de surmonter leurs peurs. Leur exemple m'a toujours aidé et encouragé. Il se peut donc que ma propre expérience de la peur et de son élimination partielle aide aussi quelqu'un.

Enfant, j'ai connu quelques chocs émotifs assez graves. Il y avait beaucoup de problèmes dans ma famille, j'étais gauche physiquement, etc. Il y a d'autres enfants qui connaissent ces handicaps émotifs et qui s'en sortent indemnes. Pas moi. J'étais évidemment trop sensible et par conséquent trop peureux. J'ai développé une réelle phobie, celle de ne pas être comme les autres jeunes et de ne jamais pouvoir le devenir. Elle m'a d'abord conduit à la dépression, et je me suis isolé.

Toutes ces détresses d'enfant engendrées par la peur sont devenues insupportables au point de me rendre très agressif. Croyant que je ne serais jamais accepté nulle part et jurant de ne jamais me contenter d'une position inférieure, j'ai cru que je devais dominer en tout, au jeu comme au travail. Quand cette séduisante formule pour mener une belle vie a commencé à réussir, selon mes critères de réussite, j'ai été transporté de joie. Par contre, s'il m'arrivait d'échouer dans une entreprise, j'étais rempli d'un ressentiment et d'une dépression que seul mon prochain succès pouvait guérir. Très tôt, j'ai donc tout évalué comme des victoires ou des défaites. C'était tout ou rien. Ma seule satisfaction était de gagner.

Ce faux antidote contre la peur est vite devenu une habitude de plus en plus profondément ancrée en moi. Elle m'a suivi pendant mes études, pendant la Première

Guerre mondiale, tout au long de ma carrière mouvementée de buveur à Wall Street, et enfin jusqu'à mon effondrement total. À ce moment-là, l'adversité ne me stimulait plus et je ne savais pas si ma plus grande peur était de vivre ou de mourir.

Même si la peur que j'ai connue est très répandue, il y en a évidemment beaucoup d'autres sortes. Les manifestations de la peur et les problèmes qu'elles entraînent sont si nombreux et si complexes qu'il est impossible, dans ce court article, de les examiner en détail. Nous devons nous contenter de passer en revue les outils et les principes spirituels qui peuvent nous permettre de faire face à la peur sous toutes ces formes.

Pour ma part, j'ai commencé à me libérer de la peur par la foi. Cette foi m'amène à croire, en dépit de toutes les indications contraires dans le monde, que je vis dans un univers qui a un sens. Elle se traduit, pour moi, en la croyance en un Créateur tout-puissant, qui est justice et amour, un Dieu qui a pour moi un but, un sens et une destinée : tendre, même lentement, même en hésitant, vers son image et sa ressemblance. Avant d'avoir la foi, je vivais comme un extra-terrestre dans un univers qui trop souvent me semblait hostile et cruel. Je ne pouvais y trouver aucune sécurité intérieure.

Carl Jung, l'un des trois fondateurs de la psychologie moderne de l'inconscient, avait une conviction profonde au sujet du grand dilemme du monde actuel. Il pensait que toute personne qui atteint la quarantaine sans parvenir à comprendre qui elle est, où elle est et où elle va ne peut éviter de devenir plus ou moins névrotique. Cela est vrai, que ses pulsions sexuelles de jeunesse, sa soif de sécurité matérielle ou son désir d'occuper une place dans la société aient été satisfaits ou non. Quand ce bon docteur dit « névrotique », il pourrait tout aussi bien dire « poussé par la peur ».

Voilà précisément pourquoi, chez les

AA, nous accordons tant d'importance à la nécessité de croire en une puissance supérieure, que nous définissons à notre manière. Nous devons apprendre à vivre dans un univers spirituel de grâce qui représente certainement une nouvelle dimension pour la plupart d'entre nous. Nous découvrons avec surprise que la recherche de ce royaume n'est pas si difficile. Nous commençons d'habitude à y entrer consciemment dès que nous avouons sincèrement notre impuissance à continuer seul et que nous faisons appel à un Dieu, quel qu'il soit, ou puisse être. Il en résulte le don de la foi et le sentiment qu'il existe une puissance supérieure. La foi grandit, et aussi la sécurité intérieure. La grande peur sous-jacente du néant commence à se résorber. C'est pourquoi les AA croient que le principal antidote contre la peur est le réveil spirituel.

Il se trouve que ma propre inspiration spirituelle m'est venue en un éclair de façon absolument convaincante. Je suis soudainement devenu une partie, une partie minuscule, d'un univers régi par la justice et l'amour de Dieu. Les conséquences de mon entêtement et de mon ignorance, ou de ceux de mes semblables sur terre, ne changeaient rien à cette vérité. J'avais une certitude nouvelle et absolue qui ne m'a jamais quitté depuis. Il m'a été donné d'apercevoir, au moins pendant un moment, ce qu'était l'absence de peur. Évidemment, le don de la foi que j'ai reçu ne diffère pas essentiellement du réveil spirituel qu'ont connu d'innombrables membres des AA. Il fut tout simplement plus soudain. Malgré son importance, cette nouvelle façon de voir les choses ne constituait pour moi que le point de départ d'une longue marche qui conduit de la peur à l'amour. Ma vieille anxiété, profondément ancrée, n'est pas disparue à jamais en un instant. Elle réapparaissait, et parfois de façon alarmante.

Ayant été gratifié d'une expérience spirituelle aussi spectaculaire, il n'est pas surprenant que la première phase de ma vie chez les AA ait été marquée par beaucoup d'orgueil et de soif du pouvoir. Je voulais absolument mener les autres, avoir leur approbation, être le chef. Bien plus, je pouvais maintenant justifier mon comportement : j'agissais pour la bonne cause !

Heureusement, cette phase de vanité plutôt flagrante qui a duré quelques années a été suivie par une série de malheurs. Je recherchais l'approbation des autres, par peur évidemment de ne pas en avoir assez, et j'ai commencé à me heurter aux membres qui avaient les mêmes tendances que moi. Par conséquent, ceux-ci se sont mis à vouloir protéger le mouvement de mon influence et j'ai fait la même chose vis-à-vis d'eux. C'était devenu notre occupation principale. Comme de raison, il en est résulté de la colère, des soupçons et toutes sortes d'épisodes terrifiants. C'est à cette époque particulière, et aujourd'hui plutôt amusante, de notre histoire que nombre d'entre nous ont recommencé à se prendre pour Dieu. Pendant quelques années, les AA assoiffés de pouvoir s'en sont donnés à cœur joie. Pourtant, c'est dans ce contexte redoutable que furent formulées les Douze Étapes et les Douze Traditions des AA. Ces principes étaient essentiellement destinés à réduire notre ego, et donc à réduire nos peurs. Nous espérions qu'ils allaient nous garder dans l'unité et dans un amour toujours plus grand les uns envers les autres, et envers Dieu.

Nous avons appris graduellement à accepter les défauts et les vertus des autres. C'est à cette époque qu'est née cette formule forte et pleine de sens : « Sachons toujours aimer chez les autres ce qu'il y a de mieux, et ne jamais craindre ce qu'il y a de pire. » Après une dizaine d'années passées à essayer d'insuffler à notre association cette sorte d'amour et à appliquer les Étapes et les Traditions à la réduction de l'ego, nous avons cessé d'avoir peur pour la survie du mouvement.

La pratique individuelle des Douze Étapes et des Douze Traditions dans notre vie nous a aussi libérés de façon incroyable de la peur sous toutes ses formes, en dépit de la prédominance de problèmes personnels immenses. Là où la peur subsistait, nous savions la reconnaître et, avec la grâce de Dieu, nous pouvions y faire face. Chaque obstacle devenait pour nous une occasion que nous donnait Dieu de développer ce courage, né de l'humilité plutôt que de la bravade. Nous étions désormais capables de nous accepter nous-mêmes, d'accepter notre situation particulière, et d'accepter nos semblables. Avec la grâce de Dieu, nous avons même pris conscience que nous pouvions mourir décemment, dignement et dans la foi, sachant que « le Père est à l'œuvre ».

Nous vivons actuellement dans un monde en proie plus que jamais à des peurs destructives. Nous y trouvons pourtant de grandes zones de foi, de soif de justice et de fraternité. Par contre, aucun prophète n'oserait prédire si la planète s'embrasera ou si elle connaîtra, selon le dessein de Dieu, le début de l'ère la plus brillante qu'ait connue l'humanité. Pour nous, membres des AA, il est facile de comprendre ce qui se passe. Nous avons vécu en microcosme, chacun dans notre propre vie, le même genre d'incertitude terrifiante. Sans aucun orgueil, nous pouvons affirmer que nous ne craignons pas l'avenir du monde, peu importe ce qui arrivera. Nous sommes maintenant capables de croire profondément et de dire : « Nous ne craindrons pas le mal. Que ta volonté soit faite, et non la nôtre. »

L'histoire suivante a souvent été racontée, mais elle mérite bien d'être répétée une fois de plus. Le jour où s'abattit sur notre pays l'épouvantable tragédie de Pearl Harbor, un ami des AA, qui était aussi l'une des figures spirituelles les plus marquantes que nous ne connaîtrons jamais, déambulait dans une rue de St. Louis. Je veux parler, bien sûr, du bien-aimé père

Edward Dowling de l'ordre de jésuites. Même s'il n'était pas alcoolique, le père Dowling avait été l'un des fondateurs et la principale inspiration du groupe encore peu solide des AA de la ville. Comme beaucoup de ses amis, d'ordinaire sobres, s'étaient déjà réfugiés dans la bouteille afin d'oublier les conséquences du désastre de Pearl Harbor, le père Ed était évidemment angoissé à la pensée que son cher groupe des AA pourrait en faire autant. À ses yeux, cela aurait été une tragédie aussi grave.

Un membre des AA abstinent depuis moins d'un an lui emboîta le pas et engagea avec lui une conversation animée, centrée sur les AA. À son grand soulagement, le père Ed vit que son compagnon était parfaitement abstinent. Il ne souffla pas mot, non plus, de la tragédie de Pearl Harbor.

Agréablement surpris, le bon père demanda : « Comment se fait-il que tu ne dises rien sur Pearl Harbor ? Comment peux-tu accepter si bien un tel coup ? »

« Eh bien, lui répondit le membre, votre question me surprend. Ne savez-vous pas que chaque membre des AA a déjà connu son Pearl Harbor ? Alors, dites-moi, pourquoi ne pourrions-nous pas, nous les alcooliques, tenir le coup encore une fois ? »

La Question de

L'HONNÊTETÉ

AOÛT 1961

La question de l'honnêteté touche à peu près tous les aspects de notre vie. Il y a, par exemple, le phénomène étonnant et répandu de l'aveuglement. Il y a aussi cette tendance épouvantable à dire la vérité de façon irréfléchie, souvent au mépris de toute prudence et de tout amour. Enfin, il y a ces innombrables circonstances de la vie où la plus totale honnêteté s'impose, même quand nous sommes fortement tentés, par peur et par orgueil, de nous en tenir à des demi vérités ou à des démentis inexcusables.

Voyons d'abord comment l'aveuglement peut affecter l'intégrité d'une personne.

Je n'ai pas oublié le confort que me procurait le sentiment exagéré de ma propre honnêteté.

En Nouvelle-Angleterre, ma famille m'avait appris qu'en affaires, les engagements et les contrats sont sacrés, « qu'un homme est lié par sa parole ». J'adorais cette histoire où l'honnête Abraham Lincoln avait fait six milles à pied un jour pour remettre à une pauvre femme les six sous qu'il lui avait demandés en trop dans son épicerie. Ayant reçu une telle éducation, il m'a toujours été facile d'être honnête en affaires, et j'ai conservé cette habitude. Même à Wall Street, où j'ai atterri plusieurs années plus tard, je n'ai jamais roulé personne.

Cette petite parcelle de vertu facilement acquise m'a cependant valu quelques handicaps intéressants. J'étais si absurdement fier de mes critères en affaires que je ne manquais jamais de mépriser mes confrères de Wall Street qui n'hésitaient pas à rouler leurs clients. Cette attitude était arrogante, mais l'aveuglement personnel qui en résultait était pire encore. Mon honnêteté en affaires, dont j'étais si fier, se transforma bientôt en un masque confortable sous lequel je pouvais cacher mes nombreuses failles dans les autres domaines de ma vie. Convaincu de posséder cette vertu, il m'était facile de conclure que je les avais toutes. Pendant des années, cela m'a empêché de me voir comme j'étais. C'est là un exemple commun de notre extraordinaire facilité à nous leurrer nous-mêmes, par moments. De plus, à force de se tromper soi-même, on en vient presque toujours à tromper les autres.

Pour illustrer davantage ce phénomène, voici deux autres cas extrêmes. L'un montre l'aveuglement dans ce qu'il y a de plus évident – c'est-à-dire évident pour tous, sauf pour la personne qui se leurre elle-même. L'autre dépeint une forme plus subtile d'aveuglement, dont n'est exempt à peu près aucun être humain.

Un de mes amis avait été un perceur de coffres-forts. Un jour, il m'a raconté cette histoire révélatrice. « Tu sais, me dit-il, je pensais autrefois que je menais ma petite révolution personnelle contre la société.

Partout dans le monde, je pouvais voir des pauvres dépouiller des riches. Cela semblait normal. Après tout, ces maudits riches refusaient de partager leurs richesses. Toutes ces révolutions qui visaient à les dépouiller mériteraient sûrement des applaudissements. Pourtant, des gars comme moi qui forçaient les riches à partager n'y avaient pas droit. Après un certain temps, j'ai compris que personne n'aimait les cambrioleurs. Les révolutions oui, mais pas les cambrioleurs. De toute façon, je ne voyais rien de mal à faire sauter des coffres, à part me faire prendre ? Même après des années passées en prison, je n'avais toujours pas ouvert les yeux. Quand j'ai rencontré les AA, j'ai lentement commencé à me mettre dans le crâne qu'il y a de bonnes et de mauvaises révolutions. Petit à petit, j'ai commencé à voir à quel point je m'étais trompé. J'avais été complètement fou. Je ne pourrai jamais expliquer autrement comment j'ai pu agir de façon aussi imbécile. »

J'ai un autre ami chez les AA qui est quelqu'un de bien et de gentil. Il est récemment entré dans une grande communauté religieuse, où les frères passent beaucoup d'heures par jour en contemplation. Mon ami avait donc tout le temps de faire son inventaire. Plus il s'examinait, plus il découvrait son aveuglement inconscient. Il était aussi étonné de sa facilité à fabriquer des excuses compliquées et tortueuses pour se justifier. Il en a conclu que le bon droit orgueilleux des « honnêtes gens » peut parfois être aussi destructeur que les défauts flagrants des supposées crapules. Il plonge donc quotidiennement son regard à l'intérieur de lui-même, puis le tourne vers Dieu, afin de mieux voir où il en est par rapport à l'honnêteté. Une certitude absolue résulte de chacune de ses méditations : il lui reste encore beaucoup de chemin à parcourir.

La manière et le moment que nous choisissons pour dire la vérité – ou pour nous taire – montrent aussi souvent la différence entre une véritable intégrité et l'absence d'intégrité. Notre Neuvième Étape nous met clairement en garde contre l'abus de vérité quand elle nous dit : Nous avons réparé nos torts directement envers ces personnes dans la mesure du possible, sauf lorsqu'en ce faisant, nous risquions de leur nuire ou de nuire à d'autres. Parce qu'il montre que la vérité peut servir à blesser autant qu'à apaiser, ce précieux principe peut certainement s'appliquer de façon très large au développement de l'intégrité.

Chez les AA, par exemple, nous parlons beaucoup les uns des autres. Si nos intentions sont pures, il n'y a rien de mal à cela. Par contre, il en va tout autrement des commérages nuisibles. Même si tous ces ragots se fondent sur des faits, jamais un tel abus des faits ne pourra ressembler de loin ou de près à l'intégrité. Comment prétendre que cette sorte d'honnêteté superficielle peut faire du bien à qui que ce soit ? Il nous faut vraiment faire notre propre examen de conscience. Après avoir cédé au commérage, nous pouvions nous poser les questions suivantes : « Pourquoi avoir dit ces choses ? Voulions-nous seulement aider et informer ? Ne voulions-nous pas plutôt nous sentir supérieur en confessant les fautes d'autruiv ? Par peur ou par antipathie, ne voulions-nous pas lui faire tort ? » Ce serait une bonne façon de nous examiner honnêtement nous-mêmes, plutôt que l'autre. C'est ce qui distingue le bon usage de la vérité de son abus. Immédiatement, nous commençons à retrouver l'intégrité perdue.

Parfois, il n'est pas toujours aussi facile de découvrir nos vraies raisons. Il nous arrive de croire que nous devons révéler des faits vraiment nuisibles afin de mettre un terme aux ravages de certains fauteurs de troubles. « C'est pour le bien des AA », nous écrions-nous. Armés de cette justification souvent fausse, nous nous lançons vertueusement à l'attaque. Bien sûr, il peut être nécessaire de corriger une situation nuisible. Bien sûr, nous pouvions être forcés d'utiliser certains faits désagréables. Tout dépend de la façon dont nous nous comportons. Nous devons être certains de ne pas dénoncer la paille dans l'œil du voisin, tout en ne voyant pas la poutre dans le nôtre. Nous ferions bien de nous poser les questions suivantes : « Comprenons-nous bien ceux qui sont mêlés à cette affaire ? Sommes-nous sûrs de bien connaître tous les faits ? Est-il réellement nécessaire d'intervenir ou de critiquer ? Sommes-nous absolument certains de ne pas être poussés par la peur ou la colère ? » Une fois cet examen terminé, nous sommes certains d'agir avec la prudence, le discernement et l'amour dont nous aurons toujours besoin pour demeurer intègres.

Voici un autre aspect du problème de l'honnêteté. Nous pouvons facilement nous servir de la malhonnêteté supposée des autres comme d'une bonne excuse pour ne pas remplir nos obligations. J'ai moi-même traversé cette période. Certains amis remplis de préjugés m'avaient exhorté à ne jamais retourner à Wall Street. Ils étaient convaincus que le matérialisme rampant et la duplicité qui y régnaient auraient tôt fait de stopper ma croissance spirituelle. Ce conseil me sembla si noble que je demeurai à l'écart du seul métier que je connaissais.

Quand enfin notre ménage se retrouva sans un sou, je pris conscience que je n'avais jamais pu faire face à l'idée d'un retour au travail. Je suis donc finalement retourné à Wall Street et je ne l'ai jamais regretté. J'avais besoin de découvrir qu'il y a beaucoup d'excellentes personnes dans le quartier des affaires de New York. Il fallait aussi que je fasse l'expérience de l'abstinence dans le milieu même où l'alcool était venu à bout de moi. J'ai connu tous ces bienfaits et beaucoup d'autres. En fait, un énorme dividende a résulté directement de ma décision de retourner à contrecœur à la bourse. C'est en effet lors d'un voyage d'affaires pour Wall Street à Akron en Ohio, en 1935, que j'ai rencontré pour la première fois Dr Bob, futur cofondateur des Alcooliques anonymes. La naissance même des AA est donc liée à mes efforts pour gagner ma vie.

Laissons de côté ce sujet captivant de l'aveuglement et jetons un coup d'œil sur certaines situations pénibles de la vie auxquelles nous devons nous attaquer de front et avec fermeté. Supposons qu'il faut remplir une demande d'emploi où figure la question suivante : « Avez-vous déjà souffert d'alcoolisme ou avez-vous déjà été hospitalisé. » À titre de membre des AA, nous pouvons sûrement donner une réponse rassurante. Nous croyons presque tous qu'il ne faut rien de moins que la vérité absolue dans une telle situation. La plupart des employeurs respectent notre mouvement et apprécient ce genre d'honnêteté, surtout lorsque nous révélons notre appartenance aux AA et témoignons des résultats. Et il y a bien d'autres problèmes de la vie courante qui demandent la même franchise.

La plupart du temps, les situations qui exigent la plus grande honnêteté sont claires et faciles à reconnaître. Nous n'avons qu'à y faire face, sans tenir compte de la peur ou de l'orgueil. Sinon, nous allons sûrement souffrir de plus en plus de ces conflits que seule la simple honnêteté peut résoudre.

Dans certaines circonstances, toutefois, la vérité dite de façon irréfléchie peut causer des ravages étendus et faire un tort irréparable à d'autres. Quand elles se présentent, nous risquons de nous retrouver dans une mauvaise position, déchirés entre deux tentations. Notre conscience peut être si tourmentée que nous jetons par-dessus bord toute prudence et tout amour. Nous cherchons à nous libérer en disant la vérité brutalement, sans nous préoccuper des blessures qu'elle peut occasionner. Ce n'est habituellement pas ce qui nous tente le plus. Il est probable que nous irons à l'autre extrême. Nous allons nous peindre un tableau peu réaliste de l'épouvantable tort que nous nous apprêtons à causer à d'autres. Au nom de notre compassion et de notre amour pour nos supposées victimes, nous nous préparons à dire un gros mensonge, sans l'ombre d'une hésitation.

Quand la vie nous met devant un dilemme aussi déchirant, nous ne pouvons être blâmés de ne pas savoir quoi faire. En fait, notre premier devoir est d'admettre que nous ne savons pas quoi faire. Nous pourrions avoir à admettre que, pour le moment, nous sommes incapables de départager ce qui est bien de ce qui est mal. Il nous sera aussi très difficile d'admettre que nous ne sommes pas sûrs de connaître la volonté de Dieu parce que nos prières sont pleines de demandes insensées. C'est le moment de demander conseil à nos amis les plus sûrs. Il n'y a rien d'autre à faire.

Si je n'avais pas bénéficié de conseillers aimants et sages, je crois que j'aurais craqué il y a longtemps. Un médecin m'a un jour sauvé de la mort par alcoolisme en me forçant à voir la gravité de ma maladie. Un autre médecin, psychiatre celui-là, m'a permis de conserver ma raison en m'aidant à déterrer certains défauts profonds. Un ecclésiastique m'a permis d'acquérir les principes vrais qui sont aujourd'hui à la base de notre mode de vie. Ces précieux amis m'ont apporté beaucoup plus que leur compétence professionnelle. J'ai appris que je pouvais toujours recourir à eux, peu importe mes problèmes. Leur sagesse et leur intégrité étaient à mon entière disposition. Beaucoup de mes amis les plus chers chez les AA ont agi avec moi exactement de la même façon. Souvent, ils ont pu m'aider alors que d'autres ne le pouvaient pas, simplement parce qu'ils étaient des AA.

Nous ne pouvons évidemment pas nous en remettre entièrement à nos amis pour régler toutes nos difficultés. Un bon conseiller ne pensera jamais à notre place. Il sait que la décision finale nous appartient. Par contre, il nous aidera à éliminer la peur, la précipitation et l'aveuglement, nous permettant ainsi de faire des choix charitables, sages et honnêtes.

Il est essentiel de savoir choisir cet ami. Nous devons rechercher une personne d'une grande compréhension, et l'écouter attentivement. De plus, nous devons être absolument certains que notre futur conseiller saura respecter la plus stricte confidentialité. Cela ne devrait poser aucun problème s'il est prêtre, médecin ou avocat. Par contre, si nous choisissons un ami membre, nous ne devons pas hésiter à lui rappeler la nécessité du secret. Les conversations intimes sont si fréquentes et si faciles entre les membres que notre conseiller pourrait parfois oublier de respecter nos confidences. Le caractère sacré de ces rapports humains, si nécessaires à notre rétablissement, ne doit jamais être violé.

Des rapports aussi privilégiés comportent de précieux avantages. Ils sont l'occasion idéale d'être aussi honnêtes que nous le pouvons. Nous n'avons pas, en effet, à nous soucier du tort que nous pourrions causer à d'autres, ni à craindre le ridicule ou la condamnation. C'est aussi la meilleure façon pour nous de repérer notre aveuglement.

Si nous nous leurrons nous-mêmes, un conseiller aguerri le verra tout de suite. Lorsqu'il nous aidera à échapper à notre imagination, nous serons surpris de découvrir que nous n'éprouvons plus autant le besoin de nous défendre contre des vérités désagréables. Grâce à lui, la peur, l'orgueil et l'ignorance disparaîtront facilement. Après un certain temps, nous découvrirons que notre intégrité repose maintenant sur une base nouvelle et solide.

Poursuivons donc nos efforts pour débusquer l'aveuglement sous toutes ses formes. Prenons bien soin de tempérer notre honnêteté par la prudence et l'amour. Au besoin, ne reculons jamais devant la plus grande franchise.

Nous membres des AA, nous savons à quel point la vérité nous libère. Elle a coupé les liens qui nous enchaînaient à l'alcool. Elle continue de nous libérer de nos conflits et de nos souffrances. Elle élimine la peur et l'isolement. L'unité de notre mouvement, notre amour les uns pour les autres auquel nous tenons tant, et l'estime du monde extérieur nous viennent de l'intégrité que nous avons eu, grâce à Dieu, le privilège d'acquérir. Hâtons-nous donc de rechercher une honnêteté encore plus authentique et plus profonde dans tous les domaines de notre vie.

L'HUMILITÉ

Aujourd'hui

JUIN 1961

L'humilité absolue n'est pas possible pour les humains. Tout au plus pouvons-nous percevoir le sens et la splendeur d'un idéal si parfait. Comme on peut le lire dans le livre Les Alcooliques anonymes, « nous ne sommes pas des saints... nous parlons de croissance spirituelle plutôt que de perfection spirituelle ». Dieu seul peut prétendre à l'absolu. Les humains ne peuvent que vivre et grandir dans le domaine du relatif. Nous recherchons l'humilité aujourd'hui.

La question est donc de savoir ce que l'on entend au juste par « l'humilité aujourd'hui », et comment savons-nous si nous l'avons trouvée ? Nous savons tous qu'une culpabilité et une révolte excessives mènent à la pauvreté spirituelle. Mais il nous a fallu beaucoup de temps pour nous rendre compte que l'orgueil spirituel pouvait nous appauvrir encore davantage. Quand nous avons constaté, nous les premiers membres, à quel point nous pouvions être orgueilleux sur le plan spirituel, nous avons inventé cette phrase : « N'essayez pas d'être parfait d'ici à jeudi ! » Cette vieille mise en garde peut sembler une autre excuse commode pour ne pas faire de son mieux. En regardant de près, on voit que c'est tout le contraire. C'est la façon des AA de mettre les membres en garde contre l'aveuglement de l'orgueil et l'illusion d'une perfection qui n'est pas la nôtre.

Maintenant que nous ne fréquentons plus les bars ni les bordels, que nous ramenons notre paie à la maison, que nous sommes très actifs dans le mouvement et que les gens nous félicitent de ces progrès, tout naturellement, nous nous mettons à nous féliciter nous-mêmes. Pourtant, nous sommes probablement bien loin de l'humilité. Bien intentionné, mais agissant tout de travers, combien de fois n'ai-je pas dit ou pensé : « J'ai raison, et vous avez tort », « Mon projet est bon, le vôtre est mauvais », « Dieu merci, je n'ai pas à me reprocher vos fautes », « Vous faites du tort au mouvement, et je vais arrêter ça », « Je fais la volonté de Dieu, il est de mon côté », et ainsi de suite, à n'en plus finir.

Ce qui est inquiétant, dans cet orgueil aveugle, c'est la facilité avec laquelle il peut être justifié. Pourtant, il n'est pas nécessaire de chercher longtemps pour s'apercevoir que cette justification est trompeuse et détruit partout l'harmonie et l'amour. Elle monte les gens les uns contre les autres, elle soulève les nations les unes contre les autres. Elle fait sembler justes, et même honorables, toutes les violences. Il ne nous appartient pas de condamner, bien sûr, il suffit de nous regarder nous-mêmes.

Alors comment pouvons-nous faire davantage pour réduire notre culpabilité, notre révolte et notre orgueil ?

Quand je dresse l'inventaire de ces défauts, je fais un dessin et je me raconte une histoire. Mon dessin représente la route de l'Humilité, et mon histoire est une allégorie. D'un côté de la route se trouve un grand marécage. Le bord de la route longe un marais peu profond qui descend doucement jusqu'à cette mer boueuse de culpabilité et de révolte dans laquelle j'ai si souvent pataugé. C'est l'autodestruction qui m'attend et je le sais. Par contre, la campagne semble belle de l'autre côté de la route. Il y a des clairières invitantes et derrière, des montagnes magnifiques. Les nombreux sentiers qui mènent à cette contrée semblent sûrs. Je me dis qu'il sera facile de retrouver mon chemin.

Avec plusieurs de mes amis, je décide de faire un petit détour. Nous choisissons un sentier et nous nous y enfonçons avec joie.

Bientôt, l'un de nous dit, tout excité : « Peut-être trouverons-nous de l'or sur cette montagne. » À notre grand étonnement, nous en trouvons, pas de ces pépites qui gisent dans les ruisseaux, mais de vraies pièces d'or. Du côté face, on peut lire : « Or pur vingt-quatre carats. » C'est sûrement là notre récompense, pensons-nous, pour avoir cheminé laborieusement au soleil sur cette interminable autoroute.

Mais nous remarquons bientôt les inscriptions du côté pile de nos pièces et nous avons d'étranges pressentiments. Sur certaines, les inscriptions sont plutôt attrayantes. « Je suis le pouvoir », « Je suis la gloire », « Je suis la fortune », « Je suis la vertu », peut-on lire. D'autres semblent plus étranges. Par exemple: « Je suis la race supérieure », « Je suis le bienfaiteur », « Je suis la bonne cause », « Je suis Dieu ». Ces inscriptions sont curieuses, mais nous empochons quand même les pièces. Puis c'est le choc. Nous trouvons en effet des pièces où il est écrit : « Je suis l'orgueil », « Je suis la vengeance », « Je suis la désunion », « Je suis le chaos ». Et enfin, sur une de ces pièces, une seule d'entre elles : « Je suis le Diable ». Certains d'entre nous s'exclament, horrifiés : « Ce n'est pas de l'or, et ce paradis n'est qu'illusion. Allons-nous en d'ici ! »

Plusieurs refusent de venir avec nous. « Restons ici, disent-ils, et faisons le tri de toutes ces pièces. Nous garderons seulement celles qui ont les bonnes inscriptions, par exemple le « pouvoir », la « gloire » et « la vertu ». Vous regretterez de ne pas être restés avec nous. » Il ne faut pas s'étonner si nos compagnons ont mis des années à retrouver la route.

Ils nous ont raconté l'histoire de ceux qui avaient juré de ne jamais revenir et qui disaient : « Ces pièces sont vraiment en or, et qu'on ne vienne pas nous dire le contraire. Nous allons en amasser autant que nous pourrons. Ces devises sont idiotes, c'est certain mais il ne manque pas de bois ici pour faire du feu. Nous allons fondre toutes ces pièces et en tirer des lingots massifs d'or pur. » Et les retardataires d'ajouter : « Voilà comment l'or de l'orgueil s'est emparé de nos frères. Quand nous sommes partis, ils se battaient déjà pour les lingots. Les uns étaient blessés, les autres mourants. Ils étaient en train de s'entre-déchirer. »

Cette allégorie est un symbole pour moi, une image qui me dit que je pourrai atteindre « l'humilité aujourd'hui » dans la mesure où je saurai éviter le marécage de la culpabilité et de la révolte, et aussi cette belle et trompeuse contrée, parsemée des pièces d'or de l'orgueil. C'est la seule manière de ne pas perdre de vue la route de l'Humilité qui s'étend entre les deux. Un inventaire constant s'impose donc, afin de savoir quand je quitte la route.

Bien sûr, nos premières tentatives dans ce genre d'inventaire risquent fort de manquer de réalisme. J'étais moi-même un as de l'auto-évaluation irréaliste. Je ne voulais voir que les parties de ma vie qui me semblaient bonnes.

Puis j'exagérais considérablement les vertus que je supposais avoir acquises et je me félicitais du superbe travail que j'accomplissais. Cet aveuglement inconscient avait chaque fois pour conséquence de transformer mes rares atouts en un lourd handicap. Ce processus étonnant était toujours agréable. Naturellement, il me donnait terriblement envie de faire d'autres « actions d'éclat » pour obtenir toujours plus d'approbation. Je retombais directement dans mes anciennes habitudes à l'époque où je buvais. C'étaient les mêmes objectifs : pouvoir, gloire, louanges. J'avais cependant une meilleure excuse, l'excuse spirituelle. Comme j'avais un objectif spirituel, toutes ces absurdités me semblaient parfaitement justifiées. Je ne pouvais pas distinguer les bonnes pièces d'or des mauvaises, et j'en tirais les pires lingots spirituels. Je regretterai toujours le tort causé à mon entourage, et je tremble encore quand je songe au tort que j'aurais pu causer au mouvement et à son avenir.

À cette époque, je ne me préoccupais pas beaucoup des domaines de ma vie où je ne progressais pas. J'avais toujours une excuse. « Après tout, me disais-je, j'ai à m'occuper d'affaires tellement plus importantes. » L'excuse idéale pour le confort et le contentement de soi.

Pourtant, je devais parfois considérer certaines situations où, à première vue, ça n'allait pas du tout. La révolte surgissait aussitôt puis venait la quête frénétique des excuses. Je m'exclamais d'abord : « Ce ne sont pas des défauts bien graves, après tout. » Quand mon excuse favorite ne tenait plus, je me disais : « Si seulement ces gens-là me traitaient bien, je ne me conduirais pas comme ça. » Puis : « Dieu sait que j'ai ces terribles compulsions. En voilà une que je ne peux pas vaincre. Il devra m'en libérer lui-même. » Venait enfin le moment où je m'écriais : « Pas question de faire cela. Je ne vais même pas essayer. » Évidemment, mes conflits intérieurs continuaient de grandir, car j'accumulais les excuses et les refus.

Quand je me retrouvais enfin épuisé par tous ces problèmes, il me restait encore une échappatoire. J'allais me vautrer dans le marécage de la culpabilité. L'orgueil et la révolte cédaient le pas à la dépression. Les variations étaient nombreuses mais le thème de mes lamentations était toujours le même : « Je suis vraiment affreux. » Comme l'orgueil m'avait fait exagérer mes modestes réalisations, la culpabilité me faisait maintenant exagérer mes défauts. Je courais comme un fou, confessant tout (et plus encore !) à qui voulait m'entendre. Croyez-le ou non, je considérais que je faisais ainsi preuve d'une grande humilité ; c'était le seul atout qui me restait et ma seule consolation !

Ces périodes de culpabilité n'entraînaient jamais de réel regret des torts que j'avais causés, ni de réelle intention de les réparer. Jamais il ne me venait à l'idée de demander pardon à Dieu, encore moins de me pardonner moi-même. Je ne pouvais évidemment pas examiner mon grand handicap – mon arrogance et mon orgueil spirituel. Je m'étais fermé à la lumière qui m'aurait permis de voir.

Aujourd'hui, je perçois un lien étroit entre ma culpabilité et mon orgueil. Tous les deux ne servaient qu'à attirer l'attention. L'orgueil me faisait dire : « Regardez-moi. Je suis merveilleux » et la culpabilité me faisait geindre: « Je suis affreux ». La culpabilité est orientée vers l'autodestruction et l'orgueil vers la destruction des autres.

C'est pourquoi je considère « l'humilité aujourd'hui » comme un juste milieu entre ces deux grands extrêmes émotifs. C'est un lieu tranquille où je peux conserver suffisamment de bon sens et d'équilibre pour faire un autre petit pas sur la route toute tracée des valeurs éternelles.

Nombreux sont ceux qui ont connu des remous émotifs beaucoup plus grands que les miens. Pour d'autres, ils ont été moindres. Pourtant, il nous arrive encore à tous de les éprouver à l'occasion. Nous ne devons pourtant pas nous en plaindre. Ils semblent nécessaires à notre croissance émotive et spirituelle et ils constituent la matière première de presque tous nos progrès.

On peut se demander si le mouvement n'est qu'un lieu atroce de souffrance et de conflits. Pas du tout. Dans une large mesure, les membres des AA ont trouvé la paix. Malgré les hésitations, nous avons réussi à atteindre une humilité toujours plus grande, et nous en avons récolté les fruits que sont la sérénité et la joie. Nos détours ne sont plus aussi fréquents ni aussi longs qu'avant.

Au début de cette réflexion, je disais que les idéaux absolus sont bien en dehors de notre portée et de notre compréhension, et que nous manquerions d'humilité en croyant que nous pouvons atteindre la perfection absolue dans notre brève existence terrestre. Une telle présomption serait bien le comble de l'orgueil spirituel.

En raisonnant ainsi, beaucoup de gens refusent de considérer les valeurs spirituelles absolues. Pour eux, les perfectionnistes sont pleins de suffisance parce qu'ils s'imaginent avoir atteint quelque but impossible, ou bien s'enlisent dans la condamnation d'eux-mêmes pour ne pas y être parvenus.

Pourtant, je crois que nous ne devons pas penser ainsi. Ce n'est pas la faute des grands idéaux si nous en abusons parfois et en faisons de piètres excuses pour la culpabilité, la révolte et l'orgueil. Au contraire, on ne peut pas vraiment croître si on n'essaie pas constamment d'imaginer ce que peuvent être ces valeurs spirituelles éternelles. Notre Onzième Étape de rétablissement nous dit : Nous avons cherché par la prière et la méditation à améliorer notre contact conscient avec Dieu tel que nous le concevions, lui demandant seulement de nous faire connaître sa volonté à notre égard et de nous donner la force de l'exécuter. Ce qui signifie que nous devrions voir dans la perfection divine un guide plutôt qu'un but à atteindre dans un avenir prévisible.

Par exemple, je suis convaincu que je devrais chercher la meilleure définition de l'humilité que je puisse envisager. Elle n'aurait pas besoin d'être absolument parfaite. Tout ce que j'ai à faire, c'est d'essayer. Imaginons une définition comme celle-ci : « L'humilité parfaite est un état de complète libération de moi-même, la libération de tous ces défauts qui pèsent si lourdement sur moi. L'humilité parfaite, c'est l'empressement en tout temps et en tout lieu à rechercher et à faire la volonté de Dieu. »

Quand je médite sur cette vision, je ne dois pas être découragé de ne jamais pouvoir atteindre cet idéal, ni présomptueux en pensant posséder un jour toutes ces vertus. Je n'ai qu'à me laisser pénétrer par cette vision, la laisser croître en moi et remplir mon cœur de plus en plus. Puis, je la comparerai avec mon plus récent inventaire. Je pourrai ainsi avoir une idée juste et saine de ma progression sur la route de l'Humilité. Cela me permettra de voir que mon voyage vers Dieu commence à peine. Ainsi réduit à ma vraie dimension, ma personne et l'importance que je lui accorde me feront sourire. Je pourrai alors croire que je peux emprunter cette route et y progresser avec une confiance et une paix toujours plus profondes. Je saurai une fois de plus que Dieu est bon et que je n'ai rien à craindre. Quel beau cadeau que cette conviction d'avoir une destinée !

En poursuivant ma contemplation de la perfection de Dieu, une autre belle découverte m'attend. Enfant, lorsque j'ai entendu ma première symphonie, j'ai été transporté par cette indicible harmonie. Pourtant, je ne savais à peu près rien de sa nature ou de son origine. Aujourd'hui, quand j'écoute la musique des sphères célestes, j'entends parfois ces accords divins qui me rappellent que le grand compositeur m'aime et que je l'aime aussi.

L'AMOUR

Prochain objectif: LA SOBRIÉTÉ ÉMOTIVE

JANVIER 1958

Beaucoup de vieux membres qui ont essayé, non sans difficulté mais avec succès notre « traitement contre la boisson », constatent qu'ils manquent encore souvent de sobriété émotive. Peut-être seront-ils les précurseurs d'un nouveau progrès chez les AA, soit l'acquisition d'une grande maturité et d'un équilibre réel (c'est-à-dire de l'humilité) dans nos relations avec nous-mêmes, avec les autres et avec Dieu.

Comme les adolescents, beaucoup d'entre nous recherchent l'approbation de tous, la sécurité totale et l'amour parfait. Ces désirs sont normaux à dix-sept ans, mais ils montrent une façon de vivre qui est impossible à quarante-sept ou à cinquante-sept ans.

Depuis les débuts des AA, j'ai pris de sévères raclées dans tous ces domaines à cause de mon incapacité de grandir au niveau émotif et spirituel. Dieu ! comme il est pénible aussi de s'apercevoir que pendant tout ce temps-là on a mis la charrue avant les bœufs ! Et quelle détresse quand, même après avoir admis s'être terriblement trompé, on se rend compte qu'on est incapable de sortir de ce tourbillon émotif.

Comment transformer cette conviction mentale en une attitude émotive saine menant à une vie simple, heureuse et agréable ? Eh bien, ce n'est pas seulement un problème de névrose ; c'est le problème de la vie elle-même pour tous ceux d'entre nous qui sont désormais réellement prêts à se conformer à des principes sains dans tous les domaines de leur vie.

Et même quand nous nous conformons ainsi, la joie et la paix peuvent continuer à nous échapper. Voilà le point où se retrouvent maintenant beaucoup de vieux membres, et c'est littéralement infernal. Comment pouvons-nous amener notre inconscient qui engendre encore tellement de peurs, de compulsions et d'aspirations insensées, à se conformer à ce que nous voulons réellement ? Comment persuader ce « M. Hyde » stupide et déchaîné qui se cache en nous ? Voilà notre principale tâche.

J'en suis venu à croire, récemment, que cela est possible. Je le crois parce que je vois de plus en plus de gens – comme vous et moi – qui étaient plongés dans les ténèbres et qui commencent enfin à voir la lumière. L'automne dernier, une dépression qui n'avait aucune cause rationnelle a presque eu ma peau. J'avais peur de connaître encore une longue période chronique. Étant donné les ennuis que m'ont causés les dépressions, cette perspective n'était pas rassurante.

Je me demandais sans cesse : « Pourquoi les Douze Étapes n'arrivent-elles pas à me délivrer de la dépression ? » À tout bout de champ, je regardais la prière de Saint-François… « chercher à consoler, plutôt qu'à être consolé ». C'était bien la formule, mais pourquoi ne fonctionnait-elle pas ?

Soudain j'ai compris ce qui n'allait pas. Mon principal défaut a toujours été la dépendance – une dépendance presque absolue – sur les gens et les circonstances pour m'apporter le prestige, la sécurité et le reste. Ne parvenant pas à satisfaire ces besoins selon mes rêves et mes désirs perfectionnistes, je m'acharnais. Puis, avec la défaite venait la dépression.

Il me serait impossible de faire de cet amour altruiste dont parle Saint-François un mode de vie réel et joyeux, tant que je ne me serais pas débarrassé de mes dépendances fatales, presque absolues.

Comme j'ai réussi à mûrir un peu du point de vue spirituel au cours des années, l'aspect absolu de mes terribles dépendances ne m'était encore jamais apparu clairement. Soutenu par la grâce que je pouvais trouver dans la prière, il me fallait user de toute ma volonté et de toute mon action pour me débarrasser de ces mauvaises dépendances émotives envers les gens, envers le mouvement, en fait envers n'importe quel genre de circonstances. C'est à cette condition que je serais libre d'aimer comme Saint-François. Les satisfactions émotives et instinctives venaient en fait s'ajouter aux dividendes de l'amour senti, offert et exprimé d'une façon appropriée dans chaque relation humaine.

De toute évidence, je ne pourrais pas profiter de l'amour de Dieu tant que je ne serais pas capable de le lui rendre en aimant les autres de la façon qu'il me le demandait. Il me serait impossible aussi d'y arriver tant que je serais victime de mes fausses dépendances.

Car ma dépendance signifiait exigence; j'exigeais la possession et le contrôle des gens et des circonstances qui m'entouraient.

L'expression « dépendance absolue » peut sembler une attrape mais elle a pourtant entraîné ma libération et m'a procuré la stabilité et la tranquillité d'esprit que je connais actuellement. Ce bien-être, j'essaie maintenant de le consolider en offrant de l'amour aux autres, sans en exiger en retour.

Voici donc le cycle primordial de la guérison : d'abord, un amour altruiste pour ce que Dieu a créé et pour ces créatures, ce qui nous permet de recevoir en retour son amour. Il est bien évident que ce courant ne peut circuler que si nos dépendances paralysantes ont été détruites en profondeur. Ce n'est qu'à ce moment que nous pouvons percevoir ce qu'est vraiment l'amour adulte.

Il s'agit d'un calcul spirituel, dites-vous ? Mais pas du tout. Observez comment un membre qui a six mois d'abstinence s'y prend avec un nouveau cas de Douzième Étape. Si le nouveau lui dit : « Va au diable !", notre membre de six mois se contente de sourire et se tourne vers un autre candidat. Il ne se sent ni frustré ni rejeté. Si le candidat suivant réagit bien et se met, à son tour, à dispenser amour et attention à d'autres alcooliques, tout en oubliant celui qui lui a transmis le message, son parrain se réjouit quand même. Il ne se sent pas rejeté mais se réjouit au contraire de voir son ex-protégé abstinent et heureux. Puis, si son prochain candidat devient par la suite son meilleur ami (ou son amour), notre parrain est vraiment content. Pourtant, il sait que son bonheur n'est qu'un effet secondaire, un dividende de plus de l'amour donné sans rien attendre en retour.

Sa stabilité est venue de l'amour qu'il avait à offrir à cet alcoolique inconnu, sur le pas de sa porte. C'était Saint-François à l'œuvre, fort et efficace, mais sans dépendance ni exigence.

Pendant mes six premiers mois d'abstinence, je me suis moi-même beaucoup dépensé auprès de nombreux alcooliques, sans qu'aucun ne réagisse. Pourtant, ce travail m'a permis de demeurer abstinent. Ces alcooliques ne m'ont rien donné. Ce qui m'a stabilisé, c'est de chercher à donner, non à recevoir.

À mon avis, c'est comme ça que fonctionne la sobriété émotive. Quand nous examinons toutes les choses qui nous dérangent, les grandes comme les petites, nous trouvons toujours à la racine une dépendance malsaine et les exigences tout aussi malsaines qui en découlent. Puissions-nous toujours, avec l'aide de Dieu, renoncer à ces exigences qui nous entravent. Nous pourrons ainsi vivre et aimer librement. Nous pourrons peut-être également transmettre, à nous-mêmes et à d'autres, le message de la sobriété émotive.

Bien sûr, cette idée n'est pas vraiment nouvelle. C'est seulement un truc qui m'aide à me délivrer en profondeur de certains « envoûtements » dont j'étais victime. Aujourd'hui, mon cerveau ne plonge plus dans les emportements, la folie des grandeurs ou la dépression. J'ai trouvé une place tranquille au soleil.

L'Anonymat

Pourquoi les Alcooliques Anonymes sont anonymes

JANVIER 1955

Comme jamais auparavant, la lutte pour le pouvoir, l'influence et la richesse est en train de déchirer la civilisation. L'homme se dresse contre l'homme, les familles contre les familles, les groupes contre les groupes, les nations contre les nations.

Presque tous ceux qui sont engagés dans cette compétition féroce déclarent que leur but est la paix et la justice, pour eux-mêmes, leur voisin et leur nation. « Donnez-nous le pouvoir, disent-ils, et nous aurons la justice ; donnez-nous la célébrité, et nous donnerons le parfait exemple ; donnez-nous l'argent, et nous serons à l'aise et heureux. » Des gens du monde entier y croient fermement et agissent en conséquence. Et cette incroyable « cuite sèche » semble pousser la société en titubant dans un cul de sac. Le panneau d'arrêt est clair. On y lit : « Désastre ! »

Mais quel rapport cela-a-t-il avec l'anonymat et les Alcooliques anonymes ?

Nous membres des AA, nous devrions le savoir. Nous avons presque tous croisé ce même sentier qui conduit à l'impasse. Propulsés par l'alcool et les justifications, plusieurs d'entre nous ont poursuivi les fantômes de la suffisance et de l'argent, tout droit jusqu'à la limite du désastre. Puis ce furent les AA. Nous avons fait volte-face et nous nous sommes retrouvés sur une grand-route où la nouvelle signalisation routière ne faisait aucune mention du pouvoir, de la célébrité et de la richesse, mais indiquait plutôt : « Direction santé mentale et sérénité – péage : abnégation. »

Notre nouvelle publication Les Douze Étapes et les Douze Traditions affirme que « l'anonymat est la plus grande protection que puisse avoir notre association ». Elle dit aussi que « la substance spirituelle de l'anonymat est le sacrifice ».

Considérons les vingt ans d'expérience des AA et voyons comment nous en sommes arrivés à cette conviction désormais exprimée dans nos Onzième et Douzième Traditions.

Au début, nous avons sacrifié l'alcool. Il le fallait, sinon il nous aurait tués. Mais nous ne pouvions nous débarrasser de l'alcool sans faire d'autres sacrifices. Il fallait laisser tomber notre mentalité de gros bonnets et de poseurs. Il nous fallait jeter par la fenêtre l'autojustification, l'apitoiement et la colère. Il nous fallait abandonner cette folle compétition pour le prestige personnel et les gros comptes de banque. Il nous fallait admettre que nous étions responsables de notre piteux état et cesser d'en blâmer les autres.

Était-ce là des sacrifices ? Bien sûr. Afin d'acquérir suffisamment d'humilité et de respect de soi, simplement pour rester en vie, il nous fallait renoncer à ce qui avait vraiment été nos possessions les plus chères : nos ambitions et notre orgueil injustifié.

Mais cela ne suffisait pas. Le sacrifice devait aller plus beaucoup plus loin. Il fallait aussi que d'autres en profitent. Alors nous nous sommes mis à pratiquer la Douzième Étape – nous avons commencé à transmettre le message des AA. Pour ça, nous avons sacrifié notre temps, notre énergie et notre argent. Nous ne pouvions conserver ce que nous avions, à moins de le donner.

Demandions-nous quoi que ce soit à nos recrues en retour ? Leur demandions-nous le pouvoir de contrôler leur vie, la reconnaissance pour notre beau travail, ou quelques sous ? Pas du tout. Nous avons découvert que si nous exigions l'une ou l'autre de ces choses, notre travail de Douzième Étape ne donnerait rien. Il fallait donc sacrifier ces désirs naturels sans quoi nos recrues acquerraient peu de sobriété ou pas du tout, comme nous d'ailleurs.

Ainsi, nous avons découvert que le sacrifice devait procurer un double bénéfice, sinon il ne valait pas la peine. Nous avons commencé à découvrir le don de soi, celui qui est gratuit.

Après que fut formé le premier groupe des AA, nous avons vite appris davantage de choses encore. Nous avons appris que chacun d'entre nous devait faire des sacrifices spontanés pour le groupe lui-même, pour le bien-être commun. En retour, le groupe a appris qu'il devait sacrifier plusieurs de ses prérogatives pour la protection et le bien-être de chacun de ses membres et pour AA dans son ensemble. Il le fallait, sinon AA n'aurait pas pu continuer à vivre.

C'est à partir de ces expériences et de ces découvertes que les Douze Traditions des Alcooliques anonymes ont commencé à prendre corps.

Graduellement, nous nous sommes rendu compte que l'unité, l'efficacité et même la survie des AA, dépendraient toujours de notre perpétuel empressement à sacrifier nos ambitions et nos désirs personnels au profit de la sécurité et du bien-être communs. Tout comme le sacrifice était synonyme de survie pour l'individu, il était synonyme d'unité et de survie pour le groupe et pour le mouvement dans son ensemble.

Vues sous cet angle, les Douze Traditions des AA apparaissent comme une liste de sacrifices qu'une expérience de vingt ans nous a enseigné à faire absolument, comme individus et comme groupes, si nous voulons que le mouvement lui-même reste en vie et en santé.

Dans nos Douze Traditions, nous nous élevons contre presque toutes les grandes tendances du monde extérieur.

Nous refusons les gouvernants, le professionnalisme et le droit de dire qui seront nos membres. Nous renonçons aux « bonnes œuvres », aux réformes et au paternalisme. Nous refusons la charité, préférant assurer notre propre subsistance. Nous sommes prêts à collaborer avec pratiquement tout le monde, mais nous refusons de marier les AA avec qui que ce soit. Nous évitons les controverses publiques et les querelles intestines sur les sujets qui déchirent tant la société : la religion, la politique et la réforme. Nous n'avons qu'un seul but : transmettre le message des AA à l'alcoolique malade qui le désire.

Si nous adoptons ces attitudes, ce n'est certainement pas parce que nous nous targuons d'une vertu ou d'une sagesse particulière ; nous faisons ces choses parce qu'une rude expérience nous a enseigné qu'elles étaient nécessaires à la survie du mouvement, dans le monde affolé d'aujourd'hui. Nous abandonnons aussi des droits et faisons des sacrifices parce que nous le devons – ou mieux encore parce que nous le voulons. Le mouvement est une force supérieure à n'importe qui d'entre nous ; il doit continuer à vivre, sinon des centaines de milliers de nos semblables mourront sûrement. Ça, nous le savons.

Où donc se situe l'anonymat dans ce

tableau ? Et d'abord qu'est-ce que l'anonymat ? Pourquoi pensons-nous que c'est la plus grande protection que puissent avoir les AA ? Pourquoi est-ce notre principal symbole de sacrifice personnel, la clé spirituelle de toutes nos Traditions et de notre mode de vie tout entier ?

Voici une parcelle de l'histoire des AA qui fournira, je le souhaite vivement, la réponse que nous cherchons tous.

Il y a des années, un célèbre joueur de base-ball devint abstinent grâce au mouvement. Son retour fut si spectaculaire que la presse l'acclama et qu'une bonne part du crédit en revint aux AA. Des millions de partisans virent le nom et la photo le présentant comme membre des AA. Cette publicité nous a rendu service : les alcooliques accouraient en grand nombre. Nous étions contents. J'étais particulièrement enthousiaste car cela me donnait des idées.

Bientôt j'ai pris la route, me prêtant de bon cœur aux interviews et aux photos. À mon grand plaisir, j'ai découvert que je pouvais, tout comme lui, faire la première page. De plus, il ne pouvait pas maintenir ce rythme de publicité, mais moi je le pouvais. Je n'avais qu'à continuer à voyager et à parler, les groupes et les journaux locaux faisant le reste. J'ai été stupéfait, récemment, en regardant ces vieux articles de journaux. Je crois que j'ai été, pendant deux ou trois ans, le plus grand « briseur d'anonymat » du mouvement.

Je ne peux donc blâmer aucun membre AA qui s'est placé sous les projecteurs. J'ai moi-même donné le meilleur exemple, il y a des années.

À cette époque, cette façon de faire semblait appropriée. Ainsi justifié, j'en ai profité. Quel enthousiasme j'ai ressenti quand j'ai vu, sur deux colonnes, avec nom au complet et photo, « Bill le courtier », le gars qui sauvait les ivrognes par milliers !

Et puis quelques nuages sont apparus dans ce beau ciel. On entendit quelques murmures de la part des membres sceptiques qui disaient :

« Ce Bill s'accapare la réussite ; il n'en reste plus pour Dr Bob. » Ou encore : « Et si toute cette publicité lui montait à la tête et s'il se soûlait sur notre dos ? »

Cela m'a blessé. Comment pouvaient-ils me harceler, moi qui faisais tant de bien ? J'ai répondu à mes critiques que nous étions en Amérique et qu'au cas où ils ne le savaient pas, j'avais liberté de parole. Ce pays et tous les autres n'étaient-ils pas dirigés par des chefs aux noms célèbres ? L'anonymat était sans doute valable pour le membre ordinaire, mais on devait faire exception pour les cofondateurs. Le public avait sûrement le droit de savoir qui nous étions.

Les membres AA en mal de pouvoir (des affamés de prestige, des gens comme moi) n'ont pas mis de temps à comprendre. Eux aussi allaient être des exceptions. Ils disaient que l'anonymat face au grand public était pour les gens timides, que les braves et les audacieux comme eux devaient affronter les caméras et déclarer ouvertement leur position. Ce genre de courage viendrait vite à bout de la honte de l'alcoolique. Le public verrait tout de suite à quel point des ivrognes rétablis pouvaient être de bons citoyens. Ainsi, de plus en plus de membres rompirent l'anonymat pour le bien des AA. Un ivrogne est photographié en compagnie du gouverneur d'un état ? Et après? Ils méritaient bien tous les deux cet honneur, n'est-ce pas ? Nous foncions donc en trombe sur la route de l'impasse !

Puis il y eut un autre cas de manquement à l'anonymat, qui parut encore plus beau. Une de mes grandes amies du mouvement désirait se lancer dans l'éducation sur l'alcool. Un département d'une grande université qui s'intéressait à l'alcoolisme lui demandait d'aller dire au grand public que les alcooliques étaient des malades et qu'on pouvait beaucoup pour les aider. Mon amie était une conférencière et une écrivaine de première classe. Pouvait-elle dire au public qu'elle était membre des

AA ? Pourquoi pas ? En utilisant le nom des Alcooliques anonymes, elle obtiendrait une excellente publicité pour une bonne sorte d'éducation sur l'alcool, ainsi que pour les AA. Je trouvai l'idée excellente et, par conséquent, je donnai ma bénédiction.

Le nom des AA commençait déjà à être célèbre et important. S'appuyant sur ce nom et sur sa grande habileté personnelle, cette amie obtint des résultats immédiats. Très vite, son nom au complet et sa photo, ainsi que d'excellents comptes rendus sur son projet d'éducation et sur les AA, parurent dans presque tous les grands journaux d'Amérique du Nord. La compréhension du public à l'égard de l'alcoolisme s'accrut, la honte qui pesait sur les ivrognes diminua et le mouvement accueillit de nouveaux membres. Il ne pouvait sûrement pas y avoir de mal à cela.

Pourtant, il y en avait. Pour obtenir un avantage à court terme, nous étions en train d'hypothéquer lourdement et dangereusement notre avenir.

Bientôt, un membre des AA se mit à publier un magazine en faveur de la prohibition. Selon lui, les Alcooliques anonymes devaient aider à rendre le monde absolument « sec ». Il révéla son appartenance au mouvement, dont il utilisait librement le nom pour s'en prendre au mal que représentaient le whisky et ceux qui le fabriquaient et le buvaient. Il fit remarquer qu'il était, lui aussi, un « éducateur » et que « sa sorte » d'éducation était la bonne. Quant à jeter le mouvement dans la controverse publique, il était d'avis que c'était exactement sa place. Il s'appliqua donc à utiliser le nom des AA justement à cette fin. Bien sûr, il rompit son anonymat dans le but d'aider cette cause qu'il chérissait.

Puis il y eut la proposition d'une association de commerçants de spiritueux, qui voulait qu'un membre des AA fasse de « l'éducation ». Il devrait dire aux gens qu'il était mauvais pour n'importe qui de boire trop d'alcool et que certaines personnes – les alcooliques – ne devraient pas boire du tout. Qu'y avait-il à redire à cela ?

Le hic, c'est que notre ami des AA devait rompre son anonymat : toute publicité ou information devait porter son nom au complet, à titre de membre des Alcooliques anonymes. Cela n'allait sûrement pas manquer de créer dans le public la nette impression que le mouvement favorisait « l'éducation » style commerce des spiritueux.

Même si ces deux projets n'ont jamais pu aller vraiment loin, leur portée fut énorme. Ils nous mettaient les points sur les « i ». En s'alliant à une autre cause et en révélant ensuite au grand public son appartenance au mouvement, un membre avait le pouvoir d'associer les Alcooliques anonymes pratiquement à n'importe quelle entreprise ou polémique, bonne ou mauvaise. Plus le nom des AA allait prendre de la valeur, plus la tentation allait devenir grande.

Des preuves supplémentaires ne tardèrent pas à se manifester. Un autre membre commença à nous impliquer dans le domaine de la publicité. Il avait été chargé, par une société d'assurance-vie, de donner une série de douze « conférences » sur les Alcooliques anonymes sur un réseau radiophonique national. Ce serait une publicité pour l'assurance-vie et pour les AA et, naturellement, pour notre ami lui-même – le tout dans un bel emballage unique.

Au siège social du mouvement, nous avons lu les textes projetés qui se composaient à peu près moitié-moitié des principes du mouvement et des convictions religieuses personnelles de notre ami. Cela pouvait créer une fausse image de nous dans le public et susciter des préjugés religieux contre les AA. Nous avons donc objecté.

Notre ami nous répondit aussitôt avec une lettre enflammée, disant qu'il se sentait « inspiré » pour ces conférences et que nous n'avions pas à nous opposer à sa liberté de parole. Même s'il devait toucher des honoraires pour son travail, il n'avait rien d'autre en tête que le bien-être du mouvement ; si nous ne savions pas ce qui était bon pour nous, eh bien, tant pis ! Nous et le conseil d'administration des AA pouvions bien aller au diable, les conférences seraient entendues sur les ondes.

C'était un vrai casse-tête. Rien qu'en rompant l'anonymat et en se servant du nom des AA à ses propres fins, notre ami pouvait s'emparer de nos relations publiques, nous jeter dans une controverse religieuse, nous lancer dans le monde de la publicité et, pour tout ce beau travail, toucher une jolie somme en honoraires de la firme d'assurances.

Cela signifiait-il que n'importe quel membre malavisé pouvait ainsi mettre en danger notre association, n'importe quand, n'importe où, juste en manquant à l'anonymat et en se disant qu'il allait nous faire du bien ? Nous imaginions chaque publicitaire dans le mouvement se cherchant un commanditaire, se servant du nom des AA pour vendre n'importe quoi, des bretzels au jus de pruneau.

Il fallait faire quelque chose. Nous avons écrit à notre ami que le mouvement aussi avait droit à la liberté de parole. Nous n'allions pas nous opposer à lui publiquement, mais nous étions prêts à lui garantir que son commanditaire recevrait des milliers de lettres de protestation de membres des AA si son émission passait à la radio. Notre ami abandonna son projet.

Mais la digue de notre anonymat continuait de fuir. Certains membres commencèrent à nous mêler à la politique. Ils se mirent à dire aux assemblées législatives des États – publiquement, bien sûr – ce que voulaient exactement les AA du point de vue rétablissement, argent et lois éclairées.

Ainsi, avec leur nom au complet et souvent avec des photos, certains entrèrent dans des groupes de pression. D'autres siégèrent avec des juges des cours municipales, faisant des recommandations au sujet des ivrognes qui devaient être envoyés aux AA et de ceux qui devaient être envoyés en prison.

Puis, il y eut des complications financières reliées au bris d'anonymat. À cette époque, la plupart des membres étaient d'avis que nous devions cesser de solliciter des fonds publiquement au profit du mouvement. Pendant ce temps, l'entreprise d'éducation de mon amie qui était parrainée par une université poussait comme un champignon. Elle avait un besoin tout à fait réel et légitime d'argent, et il lui en fallait beaucoup. Elle en demanda donc au public, organisant des campagnes à cette fin. Puisqu'elle était membre des AA et continuait de s'afficher comme telle, beaucoup de donateurs étaient embrouillés. Ils crurent que le mouvement œuvrait dans le domaine de l'éducation ou encore amassait des fonds pour lui-même alors qu'évidemment, il n'en était rien et que ce n'était pas son intention.

On utilisait donc le nom des AA pour

solliciter des fonds au moment même où nous tentions de dire aux gens que le mouvement ne voulait pas d'argent de l'extérieur.

En voyant ce qui se passait, mon amie, merveilleuse membre des AA, essaya de retrouver son anonymat. Comme elle avait reçu tellement de publicité, la tâche fut difficile et demanda des années. Mais elle a fait ce sacrifice et je veux ici lui exprimer mes remerciements les plus sincères, en notre nom à tous.

Ce précédent mit en branle toutes sortes de campagnes des AA auprès du public – pour des fermes de désintoxication, des services de Douzième Étape, des pensions, clubs et autres entreprises du même genre. Ces campagnes reposaient en grande partie sur le manquement à l'anonymat.

Ensuite, nous avons été consternés d'apprendre que nous avions été entraînés dans la politique partisane, cette fois au profit d'un seul individu. Briguant les suffrages dans une élection à un poste officiel, un membre mit en tête de sa publicité politique son titre de membre des AA, laissant entendre qu'il était sobre comme un juge. Comme le mouvement était populaire dans son État, il croyait que cela allait l'aider à gagner l'élection.

Mais la meilleure histoire est probablement celle au sujet de l'utilisation du nom des AA dans une poursuite en diffamation. Une membre, dont le nom et la profession sont connus sur trois continents, mit la main sur une lettre qui, selon elle, portait atteinte à sa réputation professionnelle. Elle pensa qu'il fallait réagir et son avocat, lui aussi membre des AA, fut du même avis. Ils crurent que le public et le mouvement seraient en colère, et à juste titre, si les faits étaient connus. Aussitôt, différents journaux titrèrent que le mouvement des Alcooliques anonymes soutenait l'une de ses membres – dont on donnait le nom au complet, bien sûr – dans une poursuite en diffamation. Peu après, un célèbre annonceur de la radio racontait la même chose à un auditoire estimé à douze millions de personnes. Cela démontrait une fois de plus qu'on pouvait utiliser le nom des AA à des fins purement personnelles, à l'échelle nationale cette fois.

Les archives du siège social du mouvement révèlent des dizaines d'expériences de ce genre, au sujet de manquements à l'anonymat. La plupart enseignent la même leçon.

Elles nous enseignent que nous sommes, nous les alcooliques, les meilleurs du monde pour ce qui est des justifications ; sous prétexte de faire de grandes choses pour le mouvement, nous pouvons, en rompant l'anonymat, retourner à notre vieille et désastreuse poursuite du pouvoir et du prestige personnels, des honneurs publics et de l'argent – ces mêmes désirs implacables qui un jour, parce que nous ne pouvions les satisfaire, nous ont poussés à boire ; ce sont ces mêmes forces qui poussent aujourd'hui le monde à la ruine. De plus, ces expériences nous indiquent clairement qu'un nombre suffisamment élevé de manquements spectaculaires à l'anonymat pourrait un jour mener notre association tout entière dans cette impasse ruineuse.

Nous sommes donc certains que si ces forces dirigent un jour notre mouvement, nous périrons comme d'autres sociétés ont péri tout au long de l'histoire de l'humanité. N'allons pas croire un seul instant que nous, alcooliques rétablis, nous sommes tellement meilleurs ou plus forts que d'autres, ou que, puisqu'il n'est rien arrivé au mouvement en vingt ans, rien ne pourra jamais rien lui arriver.

Notre vrai grand espoir réside dans le fait que notre expérience globale, comme alcooliques et comme membres des AA, nous a enfin enseigné l'immense pouvoir d'autodestruction de ces forces. Grâce à ces leçons durement apprises, nous sommes maintenant entièrement prêts à faire tous les sacrifices personnels nécessaires à la préservation de notre précieuse association.

Voilà pourquoi nous voyons l'anonymat

au niveau du public comme notre principale protection contre nous-mêmes, le gardien de toutes nos traditions et le plus grand symbole d'abnégation que nous connaissions.

Il n'est pas nécessaire qu'un membre des AA garde l'anonymat avec les membres de sa famille, ses amis ou ses voisins. Il est habituellement bon qu'il révèle son appartenance au mouvement. De même, il n'y a pas de danger particulier à prendre la parole dans des réunions des AA privées ou semi-publiques, pourvu que les comptes rendus de la presse ne donnent que les prénoms.

Mais devant le public en général – dans la presse, à la radio, au cinéma, à la télévision, etc. – les noms au complet et les photos constituent un péril. Ils sont la principale trappe par laquelle s'échapperont ces terribles forces destructrices qui dorment encore en nous tous. Il faut que le couvercle reste bien en place.

Nous nous rendons bien compte aujourd'hui que l'anonymat personnel total devant le grand public est aussi essentiel à la survie des AA que l'abstinence totale l'est à la survie de chaque membre. Ce n'est pas la peur qui nous inspire ce conseil, mais la voix prudente d'une longue expérience. Je suis sûr que nous allons écouter cette voix et que nous saurons faire tous les sacrifices nécessaires. Nous l'avons déjà écoutée en fait, et aujourd'hui il ne reste plus que quelques cas de manquements à l'anonymat.

Je dis ces choses avec toute l'ardeur dont je suis capable. Je les dis, parce que je connais la tentation de la célébrité et de l'argent. Je peux les dire, parce que j'ai moi-même un jour manqué à l'anonymat. Dieu merci, la voix de l'expérience et les pressants conseils d'amis avisés m'ont sorti de la voie périlleuse dans laquelle j'aurais pu conduire notre association tout entière. J'ai donc appris que le bien temporaire ou apparent peut souvent être l'ennemi mortel du mieux permanent ; quand il s'agit de la survie des AA, nous ne saurions nous contenter de rien de moins que le mieux.

Il y a une autre raison convaincante, souvent négligée, pour laquelle nous désirons conserver l'anonymat total. Au lieu de nous assurer davantage de publicité, les bris d'anonymat répétés à des fins personnelles pourraient sérieusement endommager les merveilleuses relations que nous entretenons aujourd'hui, tant avec la presse qu'avec le grand public. Nous pourrions nous retrouver avec une mauvaise presse et une perte de confiance du public.

Depuis bien des années, les organes d'information du monde entier accordent au mouvement une publicité enthousiaste et ininterrompue qui dépasse largement l'importance des nouvelles elles-mêmes. Les rédacteurs en chef nous expliquent pourquoi. Ils nous accordent plus d'espace et de temps parce qu'ils ont une entière confiance dans les AA. Selon eux, cette confiance se fonde sur notre insistance continuelle à garder l'anonymat au niveau de la presse.

Jamais auparavant les services de presse ou les experts en relations publiques n'avaient entendu parler d'une association qui refusait absolument toute publicité personnelle pour ses dirigeants ou ses membres. Pour eux, cette étrange et rafraîchissante nouveauté est la preuve formelle que le mouvement est honnête, que personne n'en tire avantage.

C'est là, disent-ils, la principale raison de leur grande bienveillance. C'est pourquoi, à tout bout de champ, ils continuent de transmettre le message de rétablissement des AA dans le monde entier.

Si un nombre suffisant d'entorses à l'anonymat amenait finalement la presse, le public et nos futurs membres alcooliques eux-mêmes à s'interroger sur nos intentions, nous perdrions sûrement cet inestimable atout et, par la même occasion, d'innombrables candidats. Les Alcooliques anonymes n'obtiendraient pas alors davantage de bonne publicité, mais celle-ci au contraire se ferait rare et mauvaise. Le message est donc très clair. Comme la plupart d'entre nous peuvent déjà le voir, et que les autres le verront bientôt, je suis assuré que notre association ne connaîtra jamais ces jours sombres.

Depuis longtemps déjà, Dr Bob et moi faisons tout ce que nous pouvons pour maintenir la Tradition de l'anonymat. Juste avant sa mort, certains de ses amis suggérèrent l'érection d'un monument approprié ou d'un mausolée en l'honneur de Dr Bob et de sa femme, Anne, comme il sied à un fondateur. Le Dr Bob les en remercia, mais refusa. En me racontant cela peu après, il me dit avec un large sourire : « Pour l'amour du ciel, Bill, pourquoi toi et moi ne serions-nous pas enterrés comme tout le monde ? »

L'été dernier, j'ai visité le cimetière d'Akron, où reposent Bob et Anne. Leur modeste pierre tombale ne dit pas mot des Alcooliques anonymes. Cela m'a fait pleurer de joie. Est-ce que ce merveilleux couple a poussé l'anonymat trop loin en refusant si fermement de se servir des mots « Alcoholics Anonymous », même sur sa propre pierre tombale ? Pour ma part, je ne le crois pas. Je crois que ce grand et dernier exemple d'effacement aura une valeur plus durable pour le mouvement que n'importe quel grand renom ou beau mausolée.

Nous n'avons pas besoin de nous rendre à Akron en Ohio pour voir le monument funéraire de Dr Bob. On peut voir son vrai monument funéraire dans le mouvement des AA tout entier. Lisons, une fois de plus, la vraie inscription, un seul mot que les AA y ont gravé : « Sacrifice. »

Au Sujet de Bill W.

Bill W. est né à East Dorset, Vermont, le 26 novembre 1895. En 1935, avec Dr Bob S., d'Akron , Ohio il a fondé les Alcooliques anonymes. Alors qu'il était hospitalisé pour alcoolisme, il a connu une profonde transformation spirituelle qui a changé sa vie et inspiré plusieurs des principes du mouvement des AA.

Bill W. s'est rendu compte que le désir récurrent de boire disparaissait quand un alcoolique travaillait avec un autre. Cette constatation est devenue le principe de base de la nouvelle association. De plus, Bill a promu l'idée que l'alcoolisme est une maladie dont le cours peut être arrêté, mais qui reste incurable. Influencé par ce concept AA, la

American Medical Association a plus tard redéfini l'alcoolisme comme une maladie et non comme un manque de volonté.

Le texte de base des AA, *Les Alcooliques Anonymes*, a été rédigé en grande partie par Bill W., avec d'autres pionniers des AA. Depuis la première publication en 1939, le Gros Livre, comme on l'appelle, a été vendu à plus de vingt-deux millions d'exemplaires et il a été traduit dans plus de quarante langues. Il contient le programme révolutionnaire des Douze Étapes, qui est un modèle pour de nombreux autres programmes de rétablissement.

Dans les Douze Traditions, qui ont tout d'abord été développées et présentées dans les pages du Grapevine, Bill a créé un plan durable pour l'unité des AA, en y incorporant les principes unique de l'anonymat, de l'autonomie financière, du membership et de la non-affiliation.

En plus de ses nombreux écrits, Bill a consacré sa vie à développer une structure de service solide pour les Alcooliques anonymes.

En juin 1999, le magazine *Time* a nommé Bill W. l'un des cent hommes qui ont eu le plus d'influence au vingtième siècle.

Il est décédé le 24 janvier 1971.

Les Douze Étapes

1. Nous avons admis que nous étions impuissants devant l'alcool – que nous avions perdu la maîtrise de notre vie.

2. Nous en sommes venus à croire qu'une Puissance supérieure à nous pouvait nous rendre la raison.

3. Nous avons décidé de confier notre volonté et notre vie aux soins de Dieu tel que nous Le concevions.

4. Nous avons procédé sans crainte à un inventaire moral approfondi de nous-mêmes.

5. Nous avons avoué à Dieu, à nous-mêmes et à un autre être humain la nature exacte de nos torts.

6. Nous étions tout à fait prêts à ce que Dieu élimine tous ces défauts.

7. Nous lui avons humblement demandé de faire disparaître nos défauts.

8. Nous avons dressé une liste de toutes les personnes que nous avons lésées et nous avons consenti à réparer nos torts envers chacune d'elles.

9. Nous avons réparé nos torts directement envers ces personnes dans la mesure du possible, sauf lorsqu'en ce faisant, nous risquions de leur nuire ou de nuire à d'autres.

10. Nous avons poursuivi notre inventaire personnel et promptement admis nos torts dès que nous nous en sommes aperçus.

11. Nous avons cherché par la prière et la méditation à améliorer notre contact conscient avec Dieu, tel que nous Le concevions, Lui demandant seulement de connaître Sa volonté à notre égard et de nous donner la force de l'exécuter.

12. Ayant connu un éveil spirituel comme résultat de ces étapes, nous avons alors essayé de transmettre ce message à d'autres alcooliques et de mettre en pratique ces principes dans tous les domaines de notre vie.

Les Douze Traditions

1. Notre bien-être commun devrait venir en premier lieu ; le rétablissement personnel dépend de l'unité des AA.

2. Dans la poursuite de notre objectif commun, il n'existe qu'une seule autorité ultime : un Dieu d'amour tel qu'il peut se manifester dans notre conscience de groupe. Nos chefs ne sont que des serviteurs de confiance, ils ne gouvernent pas.

3. Le désir d'arrêter de boire est la seule condition pour être membre de AA.

4. Chaque groupe devrait être autonome, sauf sur les points qui touchent d'autres groupes ou l'ensemble du Mouvement.

5. Chaque groupe n'a qu'un objectif primordial, transmettre son message à l'alcoolique qui souffre encore.

6. Un groupe ne devrait jamais endosser ou financer d'autres organismes, qu'ils soient apparentés ou étrangers aux AA, ni leur prêter le nom des Alcooliques anonymes, de peur que les soucis d'argent, de propriété ou de prestige ne nous distraient de notre objectif premier.

7. Tous les groupes devraient subvenir entièrement à leurs besoins et refuser les contributions de l'extérieur.

8. Le mouvement des Alcooliques anonymes devrait toujours demeurer non professionnel, mais nos centres de service peuvent engager des employés qualifiés.

9. Comme mouvement, les Alcooliques anonymes ne devraient jamais avoir de structure formelle, mais nous pouvons constituer des conseils ou des comités de service directement responsables envers ceux qu'ils servent.

10. Le mouvement des Alcooliques anonymes n'exprime aucune opinion sur des sujets étrangers ; le nom des AA ne devrait donc jamais être mêlé à des controverses publiques.

11. La politique de nos relations publiques est basée sur l'attrait plutôt que sur la réclame ; nous devons toujours garder l'anonymat personnel dans la presse écrite et parlée de même qu'au cinéma.

12. L'anonymat est la base spirituelle de toutes nos traditions et nous rappelle sans cesse de placer les principes au-dessus des personnalités.

Prière de St-François

Seigneur, fais de moi un instrument
de Ta paix ;
là où se trouve la haine,
que j'apporte l'amour ;
là où se trouve l'offense,
que j'apporte l'harmonie ;
là où se trouve l'erreur,
que j'apporte la vérité ;
là où se trouve le doute,
que j'apporte la foi ;
là où se trouve le désespoir,
que j'apporte l'espérance ;
là où se trouve l'obscurité,
que j'apporte la lumière ;
là où se trouve la tristesse,
que j'apporte la joie.

Seigneur, fais que je cherche à consoler
plutôt qu'à être consolé ;
à comprendre plutôt qu'à être compris ;
à aimer plutôt qu'à être aimé.

Car c'est en donnant que nous recevons;
en pardonnant que nous sommes pardonnés
et en mourant que nous renaissons
à la vie éternelle.

ALCOOLIQUES ANONYMES

Le programme de rétablissement des AA est présenté dans son texte de référence, Alcooliques Anonymes (aussi appelé le gros livre), qui en est actuellement à sa 4e édition, ainsi que dans Douze étapes et douze traditions, Vivre sobre, et d'autres ouvrages. Des informations sur AA sont également disponibles sur le site Web d'AA, www.aa.org, ou peuvent être obtenues en écrivant à : Alcoholics Anonymous, Box 459, Grand Central Station, New York, NY 10163, USA. Pour des ressources plus spécifiques à votre lieu de résidence, veuillez contacter le groupe de votre région dont vous trouverez les coordonnées dans l'annuaire sous le nom « Alcooliques Anonymes ». AA fournit aussi sur demande quatre brochures, « Voici les AA », « Les AA sont-ils pour vous ? », « 44 questions » et « Un nouveau membre s'interroge ».

AA GRAPEVINE

Le AA Grapevine, la revue mensuelle internationale des AA, est publié sans interruption depuis son premier numéro paru en juin 1944. Dans la page de garde, la portée et l'objectif de la revue sont décrits comme suit : « Étroitement intégrée au Mouvement des AA depuis 1944, la revue Grapevine publie des articles qui reflètent la pleine diversité des expériences et des réflexions issues du mouvement des AA. La revue bimensuelle en langue espagnole La Viña, publiée pour la première fois en 1996, fait de même. Aucun point de vue, aucune philosophie ne dominent leurs pages. Pour déterminer les contenus, l'équipe éditoriale s'appuie sur les principes des Douze Traditions ».

En plus des magazines, AA Grapevine, Inc., publie aussi des livres, des livres numériques, des livres audio et autres articles. Il offre aussi un abonnement au Grapevine Online, qui comprend : huit à dix nouveaux récits chaque mois, l'AudioGrapevine (la version audio du magazine), Grapevine Story Archives (la collection complète des articles parus dans le Grapevine), ainsi que la plus récente édition du Grapevine et de La Viña en format HTML. Pour plus d'informations sur AA Grapevine, ou pour un abonnement à ce qui précède, rendez-vous sur le site Web du magazine, www.aagrapevine.org ou écrivez à :

AA Grapevine, Inc.
475 Riverside Drive
New York, NY 10115
USA